Spielerisch Ungarisch lernen - ein Mitmachbuch für Erwachsene und Anfänger

Deutsch-Ungarisch
Ungarisch-Deutsch

AF286820

Lonja Mandlik

Band 1

1. Auflage 2025

Benötigst Du in Ungarn Hilfe,

besuche uns auf Facebook. Wir sind schon viele.
Leben und Essen in Ungarn, Rezepte und Anleitungen

Spielerisch Ungarisch lernen – ein Mitmachbuch für Erwachsene und Anfänger

Das Buch ist für Erwachsene und Anfänger als Selbstlernbuch gedacht, die leicht ein bisschen die Sprache lernen möchten, weil Sie z. B.

- Zur Kur nach Ungarn fahren
- In den Urlaub nach Ungarn fahren
- Vielleicht übersiedeln möchten und vorher ein wenig von der Sprache lernen möchten
- Im ungarischen Restaurant auf Ungarisch ein Bier bestellen möchten
- Dem Kind ein Eis kaufen möchten

Kleine Übungen, die nicht überfordern. Die Lösungen finden Sie direkt auf der nächsten Seite oder im Antwortteil.

Die Übungen sind thematisch durcheinander, damit es nicht langweilig wird. Wiederholungen sind gewollt.

Warum gebe ich dieses Buch heraus? Vor drei Jahren sind wir nach Ungarn umgesiedelt. Bis heute habe ich keine gescheiten Lehrbücher für die Alltagssprache für Alleinlerner gefunden. Daher gebe ich jetzt selbst ein Buch heraus, mit den Informationen, die absolut nützlich sind. Ich selbst besuche Kurse an einer deutschen Volkshochschule.

Schreibe den Satz ab und fülle aus.

A Nevem:	Mein Name ist:

Spielerisch Ungarisch lernen – ein Mitmachbuch für Erwachsene und Anfänger

Bibliografische Information der Deutschen Nationalbibliothek: Die Deutsche Nationalbibliothek verzeichnet diese Publikation in der Deutschen Nationalbibliografie; detaillierte bibliografische Daten sind im Internet über dnb.dnb.de abrufbar.

Verlag: BoD · Books on Demand GmbH, In de Tarpen 42, 22848 Norderstedt, bod@bod.de

Druck: Libri Plureos GmbH, Friedensallee 273, 22763 Hamburg

ISBN: **978-3-7693-5760-8**

Autorin: © Lonja Mandlik, Ungarn
Fotos: Lonja Mandlik, Ungarn

Kontakt über Facebook. Leben und Essen in Ungarn, Rezepte und Anleitungen

Auflage: 1. Auflage 2025

Beispiele von Wörtern, die sich ähnlich anhören, oder bitte nicht verwechseln

	Tej Milch	Wird genauso ausgesprochen
	Tea Tee	Eher Teao
	borospohár Glas, Weinglas	Borosch pohaar
	üveg Schraubglas	Wird genauso ausgesprochen

	Keks, sütikek	Wie das deutsche Wort keck (frech) kecks
	Májas (Kolbász) Leberwurst	Maajasch Kolbaasch, (Kolbasch kann man sagen, muss man nicht)
	Máj Leber	Wie Mai

Wichtiges Wort: UND   ÉS   sprich: eesch

Tipp beim Einkaufen, Restaurant

Suchen Sie nicht lange nach Wörtern bei den gängigen Übersetzungsprogrammen. Gehen Sie zu „google". Suchen Sie und zeigen Sie der Verkäuferin oder dem Metzger das Bild. Das geht schneller und sie rauben dem Personal und den Leuten, die hinter stehen nicht die Zeit, die sie eh nicht haben.

In den allermeisten Restaurants verstehen die Kellner deutsch, englisch, tschechisch. Daher können Sie in Ihrer Sprache bestellen. Sind sie allerdings auf dem Dorf oder der Azubi bedient sie, sollten Sie zumindest Ihr Getränk in Ungarisch aufsagen können.

Denken Sie einfacher. Bestellen Sie im Restaurant nicht auf Ungarisch Apfelschorle oder saures Radler wenn Sie das Wort nicht kennen oder aussprechen können. Sagen Sie Apfelsaft und Sodawasser, Bier und Soda, Bier und Fanta, süßer Wein.

Apfelschorle, Alma fröccs, klingt in etwa wie „Alma Frötsch", könnte man auch mit Apfelsaft und Soda, „Almalé és Soda" bestellen. Sprich" olma lee eesch Soda".
Apfelsaft mit Soda heisst Almalé szódával
Saures Radler, bestelle so: „Radler és Soda". Das deutsche „Mit" wird im ungarischen mit –vel oder -val gebildet. Das wird im Anfängerkurs zu kompliziert, deshalb bleiben wir bei und.
Süsser roter Wein   heisst   „édes vörösbor"
Ich hätte gern ein Glas süßen roten Wein und ein Glas Wasser.
Egy pohár édes vörösbor és egy pohár vizzel **kerek**.
Übersetzt man das zurück, wäre das:
Ein Glas süßen roten Wein und ein Glas Wasser ich gerne hätte. Das kerek steht am Ende und steht für das sie etwas möchten. Klingt wie bei Yoda von StarWars.

Und wenn Sie das mal aussprechen wollen:
„edj pohar edesch vöröschbor esch edj pohar wizzel kerek"
Ich empfehle Ihnen, dass sich z. B. „deepl" auf dem Handy installieren. Dieser übersetzt nicht nur, sondern Sie können die Wörter immer wieder anhören. Besonders ist das bei langen, zusammengesetzten Wörtern hilfreich. Die Ungarn holen woanders Luft als wir.
Eine andere App ist auch sehr gut. „Google Translate", mit der können Sie sogar reinsprechen und die App übersetzt dann.

Der bestimmte Artikel

Im Ungarischen gibt es kein der, die, das, sondern ähnlich, wie im englischen macht man das mit a oder az.

a nimmt man bei Wörtern, die mit einem Konsonanten anfangen.
az nimmt man bei Wörtern, die mit einem Vokal anfangen.

A tej, a Tea, a borospohár, a keks, a majás   aber

Az almalé (der Apfelsaft), az orvos (der Arzt), az uborka

Weitere Grammatik finden Sie ganz hinten.

Einfache Redewendungen,
Lies und schreibe die ungarische Übersetzung auf

Igen	Ja	
Nem	Nein	

Spielerisch Ungarisch lernen – ein Mitmachbuch
für Erwachsene und Anfänger

Szia	Hallo	
Köszönöm	Danke	
Tessék	Bitte sehr	
Viszontlátásra	Auf Wiedersehen	
Beteg vagyok	Ich bin krank	
És	Und	
Jó éjszakát!	Gute Nacht	
Jó napot!	Guten Tag	

Spielerisch Ungarisch lernen – ein Mitmachbuch für Erwachsene und Anfänger

Diese Wörter kenne ich schon

Milch		Tej
	Butter	Vaj
Tojás	Eier	
	Brot	Kenyér
Sör		Bier

Spielerisch Ungarisch lernen – ein Mitmachbuch für Erwachsene und Anfänger

Das ungarische Alphabet mit Aussprache

A, a   wie im englischen ein Zwischending von a und o ". Beispiel: ablak – das Fenster, Alma - der Apfel, Aussprache wie in Washington

Á, á   entspricht einem langen deutschen a, wie in den Wörtern „Haare", „fahren", „tragen". Beispiel: tábla – die Tafel

C, c   Das c übernimmt im Ungarischen die Rolle, die im Deutschen das z innehat. Beispiel: cica – Kätzchen, cipők – die Schuhe

Cs, cs   Das cs steht im Ungarischen für jenen Laut, der im Deutschen mit tsch oder zsch oder gar tzsch umschrieben wird. Beispiel: Csaba, Csilla – ungarische Namen, der Ort Csepreg,

Dz, dz   stellt die stimmhafte Variante des c dar, also ein stimmhaftes dz. Beispiel: edzeni – trainieren

Dzs, dzs   (ein stimmhaftes dsch) im Ungarischen, der aus drei Zeichen besteht, hat im Deutschen keine Entsprechung. Beispiel: lándzsa – die Lanze, Aussprache wie in Dschungel

E, e   Das e wird offen, tief und kurz ausgesprochen, wie in den Worten „Herr" oder „Ärmster". Beispiel: Emil

É, é   Dieser Buchstabe entspricht einem langen „e", wie in „lebt" oder „See", ungarisches Beispiel: kép – das Bild

Gy, gy   etwa wie „dj", wie im Wort magyar – Ungar

Í, í   wird als langes i ausgesprochen, wie in den Wörtern „ihr" und „sieht". Beispiel: hír – die Nachricht

Ly, ly   Es existieren im Ungarischen zwei Schreibweisen für den j-Laut: „j" und „ly", wobei diese nicht beliebig austauschbar sind. Die Aussprache entspricht dem deutschen j. Beispiel: lyuk – das Loch

Ny, ny   Ausgesprochen wird das ny etwa so, wie im Deutschen ein nj gelesen würde bzw. das gn im französischen Wort Cognac. Beispiel: nyak – der Hals

11

Spielerisch Ungarisch lernen – ein Mitmachbuch
für Erwachsene und Anfänger

Ó, ó   lang gesprochenes o, wie in „Sohn" oder „Boot". Beispiel: ló – das Pferd

Ő,ő   Das ő entspricht einem langen deutschen ö, etwa dem in Öl, Köhler oder Lösung. Beispiel: őt – ihn, sie, es (Akkusativ)

S, s   Im Ungarischen entspricht das s dem deutschen sch-Laut. Beispiel: só = das Salz, Ausprache wie in super

Sz, sz   Das sz im Ungarischen steht für den stimmlosen s-Laut. Beispiel: szép – schön

Ty, ty   Die Aussprache kann mit tj verglichen werden. Beispiel: tyúk – das Huhn

Ú, ú   langes u, wie in den deutschen Wörter „gut", „rufen" oder „fluchen"

Ű, ű   langes ü, wie in den deutschen Wörtern „früh", „genügsam". Beispiele: tű – die Nadel, mű – das Werk

V, v   Entspricht dem deutschen w-Laut. Beispiel: virág – die Blume

Z, z   Das z ist die stimmhafte Variante zum sz, also ein stimmhaftes s. Beispiele: zene – die Musik, Zoltán – männlicher Vorname, Aussprache wie in Masern

Zs, zs   Dem letzten Buchstaben im ungarischen Alphabet ist ein Laut zugeordnet, den es so im Deutschen nur in Fremdwörtern gibt. Er entspricht der stimmhaften Variante des sch-Lautes. Beispiele: „Journal", „beige" oder „orange". Beispiele: zsemle – Semmel, Ázsia – Asien, Aussprache wie in Journalist

Ungarisch lesen lernen und schreiben.

Das ungarische Alphabet. Schreibe den ungarischen Satz ab. Benutze die
App „deepl" auf dem Handy und lasse dir den Satz vorlesen.

	Az Alma Der Apfel	Van egy piros almám.	Ich habe einen roten Apfel

	Az Ágy Das Bett	Az ágyam nagyon kényel- mes	Mein Bett ist sehr be- quem

	A Busz der Bus	Peter Busszal megy a munka- helyére.	Peter fährt mit den Bus zur Arbeit

	**A Cica** **Das Kätzchen**	**Van egy aranyos cicánk**	**Wir haben ein süßes Kätzchen**

	**A Csiga** **die Schnecke**	**A csiga lassan mászik.**	**Die Schnecke kriecht langsam.**

	**A Dió** **Die Walnuss**	**Heute gibt es Walnusskuchen**	**Ma van diós torta**

	A Madár der Vogel	A madár énekel a kertben.	Der Vogel singt im Garten

	A Dsungel der Dschungel	A dzsungel könyve	Das Dschun- gelbuch

	Az Elefánt Elefant	Az elefánt Af- rikában lakik	Der Elefant wohnt in Afrika

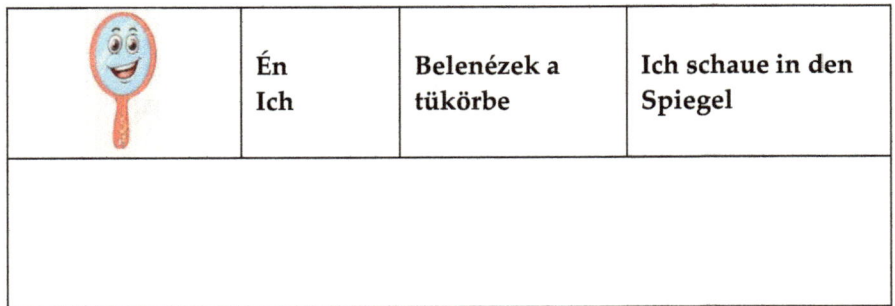

	Én / Ich	Belenézek a tükörbe	Ich schaue in den Spiegel

	A Fésű / der Kamm	Láttad a fésűmet?	Hast du meinen Kamm gesehen?

	A Gólya / der Storch	A gólya szereti enni a békákat.	Der Storch frisst gerne Frösche.

Spielerisch Ungarisch lernen – ein Mitmachbuch
für Erwachsene und Anfänger

	A Gyermekek die Kinder	Die Kinder spielen draußen	A gyerekek kint játszanak

	A Hajó das Schiff	Das Schiff segelt nach Amerika	A hajó Amerikába hajózik

	Az Indianck die Indianer	Die Indianer gehen auf die Jagd.	Az indiánok vadászni mennek.

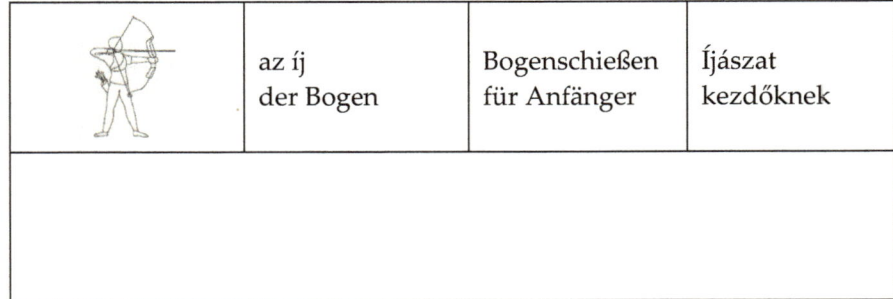	az íj der Bogen	Bogenschießen für Anfänger	Íjászat kezdőknek

	A Játék das Spielzeug	Sok játékom van	Ich habe viel Spielzeug

	A kutya der Hund	Der Hund schläft	A kutya alszik.

	A lámpa die Lampe	Die Lampe leuchtet hell.	A lámpa fényesen világít.

	A lyukasztó der Locher	A lyukasztó eltört	Der Locher ist kaputt

	A medve der Bär	a medve szere- ti a mézet	Der Bär liebt Honig

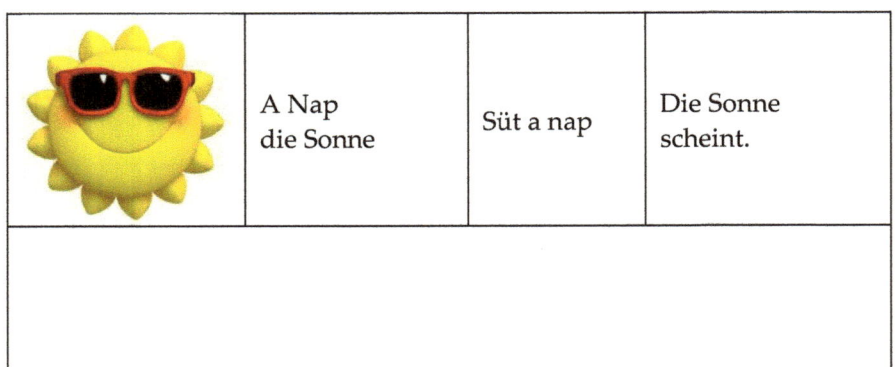

	A Nap die Sonne	Süt a nap	Die Sonne scheint.

	A Nyul der Hase	A nyulak szeretik a répát	Hasen fressen Möhren gern.

	Az oroszlán der Löwe	Löwen haben eine Mähne.	Az oro-szlánoknak sörényük van

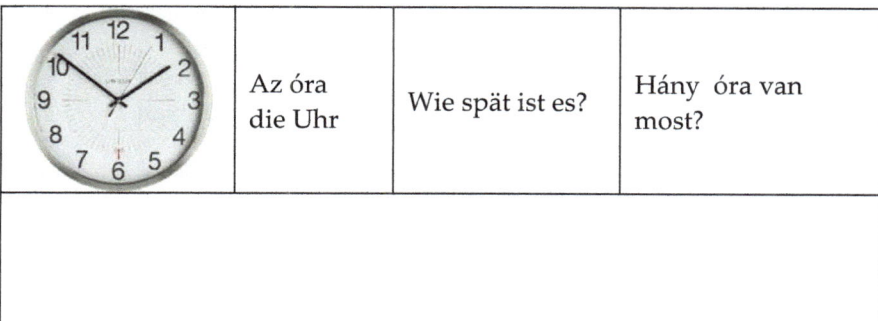	Az óra die Uhr	Wie spät ist es?	Hány óra van most?

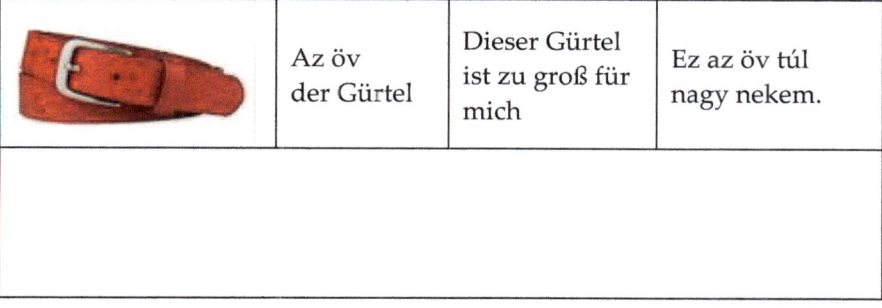	Az öv der Gürtel	Dieser Gürtel ist zu groß für mich	Ez az öv túl nagy nekem.

	Az őszibarack der Pfirsich	Őszibarackot szeretnék enni.	Ich möchte einen Pfirsich essen

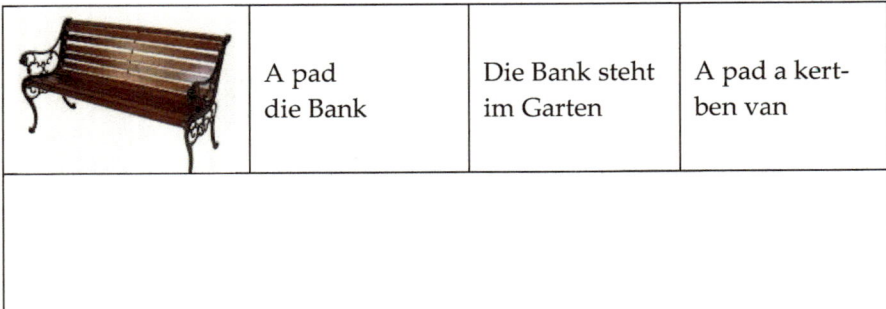	A pad die Bank	Die Bank steht im Garten	A pad a kert- ben van

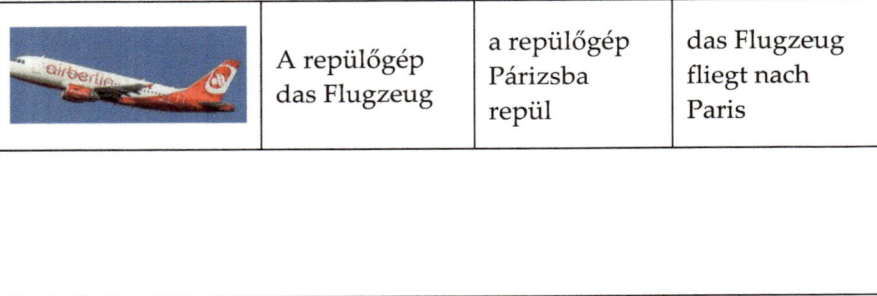	A repülőgép das Flugzeug	a repülőgép Párizsba repül	das Flugzeug fliegt nach Paris

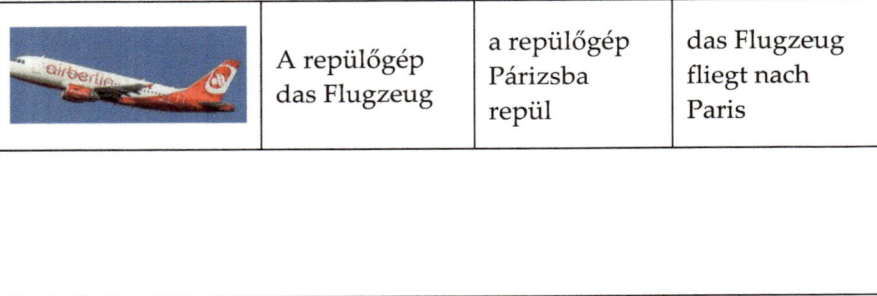	A sün der Igel	Der Igel schläft.	A sün alszik.

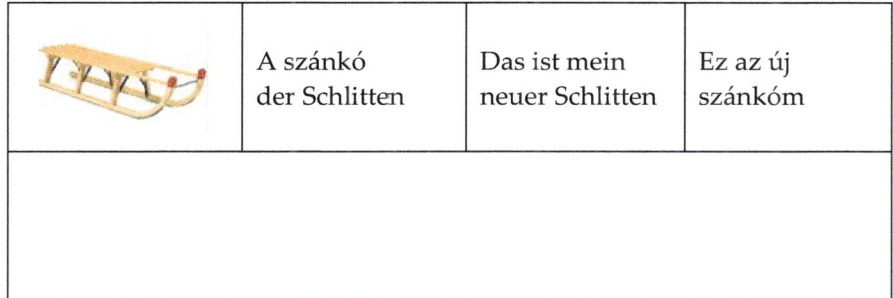	A szánkó der Schlitten	Das ist mein neuer Schlitten	Ez az új szánkóm

	A Táska die Tasche	Meine Tasche ist grün	A táskám zöld

	A tyúk die Henne	Die Henne hat ein Ei gelegt	A tyúk tojást rakott

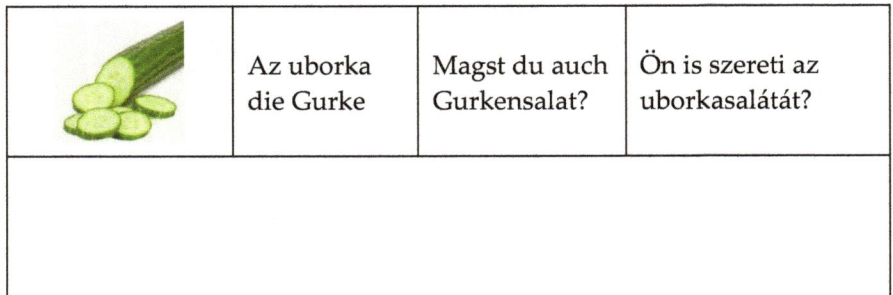	Az uborka die Gurke	Magst du auch Gurkensalat?	Ön is szereti az uborkasalátát?

	Az út die Straße	die Strasse ist kurvig	az út kanyargós

	Az Üveg Das Glas	Das Marmela- denglas ist leer	A lekvárosüveg üres

	Az űrhajó das Raumschiff	Das Raumschiff fliegt zur Raumstation	Az űrhajó az űrállomáshoz repül

	A Vasaló das Bügeleisen	Das Bügeleisen ist heiß!	A vas forró!

	A zebra das Zebra	Das Zebra ist gestreift	A zebra csíkos

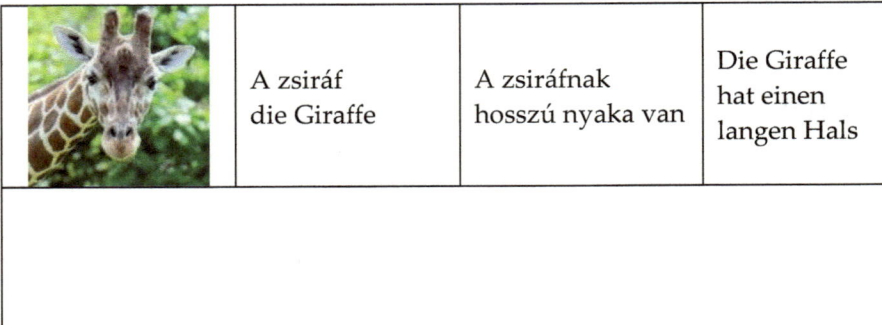	A zsiráf die Giraffe	A zsiráfnak hosszú nyaka van	Die Giraffe hat einen langen Hals

NOTIZEN

Spielerisch Ungarisch lernen – ein Mitmachbuch
für Erwachsene und Anfänger

Auf den folgenden Seiten findest du Obst und Gemüse auf Deutsch und Ungarisch. Lies dir die Wörter durch und schreibe das ungarische Wort in die freie Spalte.

Gyümölcs és Zöldség Zórejtvény, Obst und Gemüse Wörterrätsel

die Aubergine	a padlizsán	
die Tomate	a paradicsom	
die Gurke	az uborka	
die Paprika	a paprika	
der Kürbis	a tök	
der Brokkoli	a brokkoli	
der Blumenkohl	a karfiol	

Spielerisch Ungarisch lernen – ein Mitmachbuch
für Erwachsene und Anfänger

die Artischocke	az articsóka	
der Lauch	a póréhagyma	
die Kartoffel	a krumpli	
der Kohlrabi	a karalábé	
die Rübe,	a répa	
die Karotte	a répa	
das Radieschen	a retek	
der Sellerie	a zeller	

der Rhabarber	a rebarbara	
der Spargel	a spárga	
der Fenchel	az édes kömény	
die grünen Erbsen	a zöld borsó (egy-esszám)	
die Linsen	a lencse (egyesszám)	
der Zuckermais	a csemege kukorica	
der Feldsalat, Vogel-salat	a madársaláta	
der Chicorée	a cikória	

der Rosenkohl	a kelbimbó	
der Grünkohl	a kelkáposzta	
der Spinat	a spenót	
der Weißkohl	a fejes káposzta	
der Kopfsalat	a fejessaláta	
der Kohl	a káposzta	
der Chinakohl	a kínai kelkáposzta	
der Knoblauch	a fokhagyma	

die Zwiebel	a hagyma	
die Weintraube	a szőlő	
die Himbeere	a málna	
die Erdbeere	az eper	
der Pfirsich	a barack	
die Mango	a mangó	
die Nektarine	a nektarin	
die Aprikose	a sárgabarack	

Spielerisch Ungarisch lernen – ein Mitmachbuch für Erwachsene und Anfänger

Gyümölcs és Zöldség,
Wiederholung Obst und Gemüse,
Schreibe die ungarischen Wörter in die Tabelle.

Obst	Gemüse
1. _____	1. _____
2. _____	2. _____
3. _____	3. _____
4. _____	4. _____
5. _____	5. _____
6. _____	6. _____
7. _____	7. _____
8. _____	8. _____
9. _____	9. _____
10. _____	10. _____

Spielerisch Ungarisch lernen – ein Mitmachbuch
für Erwachsene und Anfänger

die Dattel	a datolya	
die Pflaume	a szilva	
die Olive	az olivabogyó	
die Süß-Kirsche	a cseresznye	
der Apfel	az alma	
die Birne	a körte	
die Quitte	a birsalma	
die Orange	a narancs	

die Grapefruit	a grépfrút	
die Mandarine	a mandarin	
die Zitrone	a citrom	
die Kumquat	a törpenarancs	
die Litschi	a licsi	
die Papaya	a papaya	
die Kaki	a datolyaszilva	
der Granatapfel	a gránátalma	

die Banane	a banán	
die Kiwi	a kivi	
die Avocado	az avokádó	
die Ananas	az ananász	
die Sauerkirsche	a meggy	

Gyümölcs és Zöldség Zórejtvény

Obst oder Gemüse? Schreibe die ungarischen Begriffe in die Kästchen. Eins fehlt, male es in das Kästchen und beschrifte.

Zöldség

Gyümölcs

Tiere – allat

Was ist das?

k | a | ó | r

Tiere – allat
Schreibe die ungarischen Wörter in die Tabelle.

der Adler	a sas	
der Affe	a majom	
der Alligator	az aligátor	

die Ameise	a hangya	
die Amsel	a rigó	
die Auster	az osztriga	
der Bär	a medve	
die Biene	a méh	
der Büffel	a bivaly	
der Delfin	a delfin	
das Eich-hörnchen	a mókus	

der Elefant	az elefánt	
die Ente	a kacsa	
der Esel	a szamár	
die Eule	a bagoly	
die Fleder-maus	a denevér	
die Fliege	a légy	
der Frosch	a béka	
der Fuchs	a róka	

Spielerisch Ungarisch lernen – ein Mitmachbuch
für Erwachsene und Anfänger

Tiere – allat
Beschrifte auf Ungarisch.

die Gans	a liba	
der Gecko	a gekkó	
die Grille	a tücsök	
der Hahn	a kakas	
der Hai	a cápa	
der Hamster	a hörcsög	
der Hase	a nyúl	
die Heu-schrecke	a sáska	

der Hirsch	a szarvas	
der Hund	a kutya	
das Kamel	a teve	
die Katze	a macska	
das Krokodil	a krokodil	
die Kuh	a tehén	
die Maus	az egér	
die Mücke	a szúnyog	

Spielerisch Ungarisch lernen – ein Mitmachbuch
für Erwachsene und Anfänger

Tiere – allat
Beschrifte auf Ungarisch.

der Papagei	a papagáj	
das Pferd	a ló	
der Rabe	a holló	
der Regen-wurm	a giliszta	
das Reh	az őz	
die Schild-kröte	a teknős	
die Schlange	a kígyó	
der Schmet-terling	a pillangó	

Spielerisch Ungarisch lernen – ein Mitmachbuch
für Erwachsene und Anfänger

die Schnecke	a csiga	
das Schwein	a malac	
der Storch	a gólya	
der Tiger	a tigris	
der Wolf	a farkas	
der Wurm	a féreg	
das Zebra	a zebra	
die Ziege	a kecske	

Was ist das?

Male ggf. aus und beschrifte. Und = és

Ein bisschen Zeit

Kennst du die ungarischen Namen?

Die Wochentage

Schreibe die ungarischen Wörter in die Tabelle.

Montag	hétfő	
Dienstag	kedd	
Mittwoch	szerda	
Donnerstag	csütörtök	
Freitag	péntek	
Samstag	szombat	
Sonntag	vasárnap	

Spielerisch Ungarisch lernen – ein Mitmachbuch
für Erwachsene und Anfänger

hét = Woche, *nap* = Tag: hét ist die Woche, fő ist der "Haupt" (also Kopf).
kedd ist als den zweite Tag (kettő), vasár ist der Markt/die Messe.

Möchte man die Wochentage im Kontext verwenden, also beispielsweise
"am Samstag", so nutzt man im Ungarischen dafür den Lokalkasussuffix "-*n/-en/-on/-ön*" (z. B. *szombaton*).

Allerdings nutzt man dies nur bei den Tagen Montag bis Samstag, "am
Sonntag" bleibt *vasárnap*.

Schreibe die ungarischen Wörter in die Tabelle.

früh	korán	
spät	későn	
morgens	reggel	
nachmittags	délután	
abends	este	

nachts	éjjel	
Seit wann?	Mióta?	
Bis wann?	Meddig?	

Die Monate *hónapok*)

Schreibe die ungarischen Wörter in die Tabelle.

Januar	január	
Februar	február	
März	március	
April	április	

Mai	május	
Juni	június	
Juli	július	
August	augusztus	
September	szeptember	
Oktober	október	
November	november	
Dezember	december	

vier Jahreszeiten (= *évszakok*)

Schreibe die ungarischen Wörter in die Tabelle.

Deutsch	Ungarisch	
Frühling	tavasz	
Sommer	nyár	
Herbst	ősz	
Winter	tél	

Die Uhrzeiten

Hány óra (van)? = Wie spät ist es? Man kann auch sagen: *Mennyi az idő?*
Auch in Ungarn können wir entweder die 24 Stunden nutzen oder eben von morgens oder mittags sprechen. Die 24-Stunden-Angabe nutzt man allerdings eher im Radio oder bei Auskünften zu den Fahrzeiten.

Ganze Stunden

Die ganzen Stunden sind recht einfach. *Van* kann man in der Regel auch weglassen. **Schreibe den Satz in die Tabelle.**

Deutsch	Ungarisch	
Es ist sechs Uhr.	Hat óra (van).	

Viertel Stunden

Schreibe die Sätze in die Tabelle.

Deutsch	Ungarisch	
Es ist viertel sechs = Es ist viertel nach fünf.	Negyed hat van.	
Es ist halb sechs.	Fél hat van.	
Es ist dreiviertel sechs = Es ist viertel vor sechs.	Háromnegyed hat van.	

Der Suffix –kor

Das sich nicht an die Vokalharmonie anpassende Suffix *-kor* wird benutzt bei der Frage *Mikor?* = Wann? Es wird einfach an den ersten Stamm des Wortes gefügt und führt nicht (!) zu einer Vokaldehnung bei *a* und *e*.

Spielerisch Ungarisch lernen – ein Mitmachbuch
für Erwachsene und Anfänger

Schreibe die Sätze in die Tabelle.

Deutsch	Ungarisch	
Frage: Wann gehen wir nach Hause?	Mikor jövünk haza?	
Antwort: Um acht Uhr.	Nyolc órakor. oder Nyolckor.	

Ob man *nyolc órakor* oder *nyolckor* sagt, ist egal. Aber: Man kann *óra* nur weglassen bei den Zahlen eins bis zwölf, ab 13 muss man immer *óra* verwenden (also *tizenhárom órakor megyünk*).

Das Suffix *-kor* nutzt man im Übrigen immer, wenn man ausdrücken möchte, dass etwas "um" oder "zu" ist, z. B.

Deutsch	Ungarisch	
zu Weihnachten	karácsonykor	

Schreibe den Satz in die Tabelle.

Die entsprechenden Demonstrativpronomen lauten:

Schreibe die Sätze in die Tabelle.

Deutsch	Ungarisch	
zu diesem Zeitpunkt	ekkor	
zu jenem Zeitpunkt	akkor	

Akkor kann man im Übrigen sinngemäß auch mit "dann" übersetzen und somit bedeutet *"Akkor nem!"* entsprechend "Dann eben nicht!"

Zeitadverbien

Schreibe die ungarischen Wörter in die Tabelle.

Vorgestern	tegnapelőtt	
gestern	tegnap	
heute	ma	
morgen	holnap	
übermorgen	holnaputàn	

Wie heiße ich? Schreibe auf Ungarisch

Zahlen

Die Verwendung von két bzw. kettő

Die Zahl 2 hat zwei Formen, nämlich *két* und *kettő*. Die erste Variante verwendet man attributiv, also wenn es vor einem Substantiv steht, während man die zweite Variante benutzt, wenn man lediglich die Zahl zwei meint.

Wundern sollte man sich übrigens nicht, wenn im allgemeinen Sprachgebrauch tatsächlich auch *kettő* verwendet wird, obwohl *két* eigentlich die richtige Variante wäre. Warum? Ganz einfach, es klingt sehr ähnlich wie *hét* und so will man eine Verwechselung vermeiden.

Schreibe die ungarischen Sätze ab.

Deutsch	Ungarisch	
Wieviele Brötchen möchten Sie?	Hány zsemle kér?	
Ich möchte drei Brötchen, danke.	Három zsemlét kérek, köszönöm.	

Ich möchte zwei Brötchen.	Két zsemlét kérek.	
Wieviele möchtest Du? Mennyit?	Zwei! Kettőt!	

Zahlen von 1 bis 100 und Beispiele

Schreibe die ungarische Zahl ab.

Deutsch	Ungarisch	
1 eins	egy	
2 zwei	kettő	
3 drei	három	
4 vier	négy	

5 fünf	öt	
6 sechs	hat	
7 sieben	hét	
8 acht	nyolc	
9 neun	kilenc	
10 zehn	tíz	
11 elf	tizenegy	
12 zwölf	tizenkettő	

13 dreizehn	tizenhárom	
14 vierzehn	tizennégy	
15 fünfzehn	tizenöt	
16 sechzehn	tizenhat	
17 siebzehn	tizenhét	
18 achtzehn	tizennyolc	
19 neunzehn	tizenkilenc	
20 zwanzig	húsz	

21 einundzwanzig	huszonegy	
22 zweiundzwan-zig	huszonkettő	
23 dreiundzwan-zig	huszonhárom	
24 vierundzwan-zig	huszonnégy	
25 fünfundzwan-zig	huszonöt	
26 sechsundzwan-zig	huszonhat	
27 siebenund-zwanzig	huszonhét	
28 achtundzwan-zig	huszonnyolc	

Spielerisch Ungarisch lernen – ein Mitmachbuch
für Erwachsene und Anfänger

29 neunundzwanzig	huszonkilenc	
30 dreißig	harminc	
31 einunddreißig	harmincegy	
32 zweiunddreißig	harminckettő	
33 dreiunddreißig	harminchárom	
34 vierunddreißig	harmincnégy	
35 fünfunddreißig	harmincöt	
36 sechsunddreißig	harminchat	

37 siebenunddrei-ßig	harminchét	
38 achtunddreißig	harmincnyolc	
39 neununddrei-ßig	harminckilenc	
40 vierzig	negyven	
41 einundvierzig	negyvenegy	
42 zweiundvierzig	negyvenkettő	
43 dreiundvierzig	negyvenhárom	
44 vierundvierzig	negyvennégy	

45 fünfundvierzig	negyvenöt	
46 sechsundvier-zig	negyvenhat	
47 siebenundvier-zig	negyvenhét	
48 achtundvierzig	negyvennyolc	
49 neunundvierzig	negyvenkilenc	
50 fünfzig	ötven	
51 einundfünfzig	ötvenegy	
52 zweiundfünfzig	ötvenkettő	

53 dreiundfünfzig	ötvenhárom	
54 vierundfünzig	ötvennégy	
55 fünfundfünfzig	ötvenöt	
56 sechsundfünf-zig	ötvenhat	
57 siebenundfünf-zig	ötvenhét	
58 achtundfünfzig	ötvennyolc	
59 neunundfünf-zig	ötvenkilenc	
60 sechzig	hatvan	

61 einundsechzig	hatvanegy	
62 zweiundsech-zig	hatvankettő	
63 dreiundsechzig	hatvanhárom	
64 vierundsechzig	hatvannégy	
65 fünfundsechzig	hatvanöt	
66 sechsundsech-zig	hatvanhat	
67 siebenundsech-zig	hatvanhét	
68 achtundsechzig	hatvannyolc	

69 neunundsech-zig	hatvankilenc	
70 siebzig	hetven	
71 einundsiebzig	hetvenegy	
72 zweiundsiebzig	hetvenkettő	
73 dreiundsiebzig	hetvenhárom	
74 vierundsiebzig	hetvennégy	
75 fünfundsiebzig	hetvenöt	
76 sechsundsieb-zig	hetvenhat	

77 siebenundsieb-zig	hetvenhét	
78 achtundsiebzig	hetvennyolc	
79 neunundsieb-zig	hetvenkilenc	
80 achtzig	nyolcvan	
81 einundachtzig	nyolcvanegy	
82 zweiundachtzig	nyolcvankettő	
83 dreiundachtzig	nyolcvanhárom	
84 vierundachtzig	nyolcvannégy	

85 fünfundachtzig	nyolcvanöt	
86 sechsundacht-zig	nyolcvanhat	
87 siebenundacht-zig	nyolcvanhét	
88 achtundachtzig	nyolcvannyolc	
89 neunundacht-zig	nyolcvankilenc	
90 neunzig	kilencven	
91 einundneunzig	kilencvenegy	
92 zweiundneun-zig	kilencvenkettő	

93 dreiundneun-zig	kilencvenhárom	
94 vierundneunzig	kilencvennégy	
95 fünfundneun-zig	kilencvenöt	
96 sechsundneun-zig	kilencvenhat	
97 siebenund-neunzig	kilencvenhét	
98 achtundneun-zig	kilencvennyolc	
99 neunundneun-zig	kilencvenkilenc	
100 hundert	száz	

Spielerisch Ungarisch lernen – ein Mitmachbuch
für Erwachsene und Anfänger

101	százegy	
200	kétszáz	
201	kétszázegy	
1.000	ezer	
10.000	tízezer	
100.000	százezer	
1.000.000 (Mio.)	egymillió	
1.000.000.000 (Mrd.)	egymilliárd	

Fragewörter und Floskeln

Schreibe die ungarischen Wörter ab.

Deutsch	Ungarisch	
Wer?	Ki?	
Wo?	Hol?	
Was?	Mi?	
Wie viele?	Hány?	
Wem?	Kinek?	
Wen?	Kit?	

Welcher?, Welche?, Welches?	Melyik	
Wozu?	Mihez?	
Wann?	Mikor?	
Warum?	Miért?	

Test.

Decke die ungarischen Wörter ab und versuche zu übersetzen. Danach probiere es umgekehrt. Decke die deutschen Wörter ab und versuche zu übersetzen.

Deutsch	Ungarisch	Notizen
Montag	hétfő	
Dienstag	kedd	
Mittwoch	szerda	
Donnerstag	csütörtök	
Freitag	péntek	

Samstag	szombat	
Sonntag	vasárnap	
vorgestern	tegnapelőtt	
gestern	tegnap	
heute	ma	
morgen	holnap	
übermorgen	holnapután	
Januar	január	

Februar	február	
März	március	
April	április	
Mai	május	
Juni	június	
Juli	július	
August	augusztus	
September	szeptember	

Oktober	október	
November	november	
Dezember	december	
Frühling	tavasz	
Sommer	nyár	
Herbst	ősz	
Winter	tél	
Wie spät ist es?	Hány óra (van)? Oder Mennyi az idő?	

Spielerisch Ungarisch lernen – ein Mitmachbuch
für Erwachsene und Anfänger

Es ist sechs Uhr.	Hat óra (van).	
Es ist viertel sechs = Es ist viertel nach fünf.	Negyed hat van.	
Es ist halb sechs.	Fél hat van.	
Es ist dreiviertel sechs = Es ist viertel vor sechs.	Háromnegyed hat van.	
Frage: Wann gehen wir nach Hause?	Mikor jövünk haza?	
Antwort: Um acht Uhr.	Nyolc órakor oder Nyolckor.	
zu Weihnachten	karácsonykor	
Es ist 17:25 Uhr.	Öt óra huszonöt (perc) (van).	

Spielerisch Ungarisch lernen – ein Mitmachbuch
für Erwachsene und Anfänger

früh	korán	
spät	későn	
morgens	reggel	
nachmittags	délután	
abends	este	
nachts	éjjel	
Seit wann?	Mióta?	
Bis wann?	Meddig?	

Spielerisch Ungarisch lernen – ein Mitmachbuch für Erwachsene und Anfänger

Was siehst du?

Schreibe die ungarischen Wörter zusätzlich in die Tabelle.

Madár	Vogel	
Felhö	Wolke	

Nap	Sonne	
Csillagok	Sterne	
Hold	Mond	
Szél	Wind	

Finde die Tiere, Übersetze

bagoly	------------	fecske ------------
bárány	------------	galamb ------------
béka	------------	gólya ------------
disznó	------------	kacsa ------------
egér	------------	kakas ------------
elefánt	------------	kecske ------------

l	e	p	e	l	e	k	w	e	h	j	l	e	p
b	c	z	f	r	o	r	d	í	t	o	l	l	i
n	i	g	e	z	s	i	z	s	s	k	o	b	g
b	r	u	m	m	o	g	x	c	n	k	k	c	g
t	p	i	a	g	o	r	á	k	é	s	k	k	o
o	e	b	c	c	g	d	y	r	t	l	u	u	v
t	l	g	n	a	o	d	o	r	g	h	r	r	á
o	a	i	é	k	p	k	o	e	r	g	u	u	y
n	c	g	t	b	u	m	r	ö	w	o	b	t	n
y	r	o	u	k	b	r	f	f	l	p	g	t	g
e	k	e	i	i	e	ö	x	q	k	á	o	y	á
r	g	r	t	s	g	e	k	e	m	h	h	o	g
i	b	á	c	z	ü	m	m	ö	g	h	u	l	o
t	l	g	e	r	e	s	c	i	s	c	h	w	g

kígyó	------------	medve ------------
kutya	------------	oroszlán ------------
légy	------------	szarka ------------
liba	------------	tücsök ------------
ló	------------	tyúk ------------
macska	------------	varjú ------------

Körperteile, Beschrifte auf Ungarisch

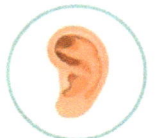 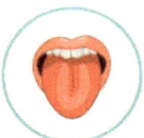   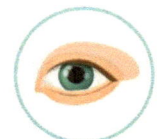

Der Mensch
Schreibe die ungarischen Wörter in die Tabelle.

der Kopf	a fej	
das Gesicht	az arc	
die Haare (pl)	a haj (egyesszám)	
das Auge	a szem	
das Ohr	a fül	

der Mund	a száj	
die Wange	a pofa	
der Hals	a nyak	
die Brust	a mell	
der Bauch	a has	
der Rücken	a hát	
das Knie	a térd	
das Bein	a láb	

der Fuß	a lábfej	
die Zehe	a lábujj	
der Finger	az ujj	
das Kinn	az áll	
die Augenbraue	a szemöldök	
die Stirn	a homlok	
die Nase	az orr	

Spielerisch Ungarisch lernen – ein Mitmachbuch
für Erwachsene und Anfänger

Farben auf Ungarisch
Nimm einen Farbstift und male den Kreis aus.
Schreibe die ungarischen Wörter daneben in die Tabelle.

weiß	fehér	
schwarz	fekete	
grau	szürke	
braun	barna	
beige	bézs	
rot	piros	
grün	zöld	

blau	kék	◯
rosa	rózsaszín	◯
orange	narancssárga	◯
gelb	sárga	◯
violett	ibolyakék	◯
türkis	türkiz	◯

Lebensmittel, Essen und Trinken im Restaurant

Schreibe die ungarischen Wörter ab

Deutsch	Ungarisch	
das Mehl	a liszt	
der Zucker	a cukor	
das Salz	a só	
der Pfeffer	a bors	
das Ei	a tojás	
die Eier (pl)	a tojások	

die Butter	a vaj	
das Öl	az olaj	
das Fett	a zsír	
das Brot	a kenyér	
die Marmelade	a lekvár	
der Honig	a méz	
der Käse	a sajt	
die Milch	a tej	

der Joghurt	a joghurt	
der Senf	a mustár	
Die Süßigkeiten	az édességek	
die Schokolade	a csokoládé	
die Bonbons	a bonbon	
der Essig	az ecet	
Chili	a csili	
trinken	inni	

Spielerisch Ungarisch lernen – ein Mitmachbuch
für Erwachsene und Anfänger

der Durst	a szomjúság	
der Tee	a tea	
der Kaffee	a kávé	
das Wasser	a víz	
die Limonade	a limonádé	
der Sprudel	az ásványvíz	
der Saft	a gyümölcslé	
die Cola	a kóla	

das Bier	a sör	
die alkoholfreien Getränke	az alkoholmentes italok	
die alkoholischen Getränke	az alkoholos italok	
der Wein	a bor	
der Sekt	a pezsgő	
der Schnaps	a pálinka	
der Wodka	a vodka	
die Kaffeemaschine	a kávéfőző	

Spielerisch Ungarisch lernen – ein Mitmachbuch
für Erwachsene und Anfänger

Kaffee kochen	kávét főzni	
ich habe Durst	szomjas vagyok	
ich trinke ein Glas Wasser	iszom egy pohár vizet	
abends trinke ich gerne	Szeretek este inni	
ein Glas Rotwein	egy pohár vörösbort	
Mineralwasser	iszom	
Trinken Sie einen Kaffee?	iszik egy kávét?	
Kaffee und Kuchen	kávé és sütemény	

die Tasse	a csésze	
das Glas	a pohár	
die Flasche	az üveg	
der Alkoholiker	az alkoholista	
sich betrinken	lerészegedni	
betrunken	részeg	
mit Kohlensäure	szénsavval	
der Kasten Bier	a rekesz sör	

Frühstück

Schreibe die ungarischen Wörter ab

Deutsch	Ungarisch	
das Frühstück	a reggeli	
das Brot	a kenyér	
das Brötchen	a zsemle	
die Butter	a vaj	
die Marmelade	a lekvár	
die Wurst	a kolbász	

Spielerisch Ungarisch lernen – ein Mitmachbuch
für Erwachsene und Anfänger

der Käse	a sajt	
die Leberwurst	a májas	
das Müsli	a müzli	
die Cornflakes	a kukorica-pehely	
die Cerealien	a gabonafélék	
die Haferflocken	a zabpelyhek	
die Milch	a tej	
der Kaffee	a kávé	

der Tee	a tea	
das Frühstücksei	a reggeli tojás	
der Orangensaft	a narancslé	
das Frühstücksbüfett	a reggeli büfé	
der Honig	a méz	
der Joghurt	a joghurt	
das Croissant	a croissant	
der Löffel	a kanál	

das Messer	a kés	
die Gabel	a villa	
das Eis	a fagyalt	
der Gast	a vendég	
die Margarine	a margarin	
die Marmelade	a lekvár	
die Melone	a dinnye	
die Milch	a tej	

das Mineralwasser	a ásványvíz	
die Nuss	a dió	
die Orange	a narancs	
Paprika	a paprika	
die Pfannkuchen	a palacsinta	

Im Restaurant

Deutsch	Ungarisch	
Ist dieser Tisch frei?	szabad ez az asztal?	

Spielerisch Ungarisch lernen – ein Mitmachbuch
für Erwachsene und Anfänger

Ist dieser Platz frei?	szabad ez a hely?	
Herr Ober!	Főpincér!	
Fräulein!	Kisasszony!	
Geben Sie mir bitte die Speisekarte	adja ide az étlapot, kérem	
Die Speisekarte bitte!	az étlapot kérem!	
Haben Sie eine Getränkekarte?	van itallapja is?	
Bitte ein Bier	egy sört, legyen szíves	
Bitte einen Kaffee	egy kávét, legyen szíves	

ein Glas Bier	egy pohár sört	
eine Tasse Kaffee	egy csésze kávét	
einen Espresso	egy eszpresszót	
eine Flasche Bier	egy üveg sört	
ein Bier vom Fass	egy sört a hordóból	
ich nehme ...	én kérek	
ich möchte bitte bestellen	rendelni szeretnék, kérem	
das Menü 5 bitte	az ötös menüt, legyen szíves	

Spielerisch Ungarisch lernen – ein Mitmachbuch
für Erwachsene und Anfänger

bitte zahlen!	fizetek, kérem!	
ich möchte bitte zahlen	fizetni szeretnék, kérem	
hat es Ihnen geschmeckt?	ízlett Önnek?	
es war sehr gut, danke!	nagyon finom volt, köszönöm!	
willst du was trinken?	akarsz valamit inni?	
was willst du trinken?	mit akarsz inni?	
was willst du essen?	mit akarsz enni?	
darf ich dich einladen?	meghívhatlak?	

Spielerisch Ungarisch lernen – ein Mitmachbuch
für Erwachsene und Anfänger

ich will dich einladen	meg szeretnélek téged hívni	
die Speisekarte	az étlap	
die Getränkekarte	az itallap	
ich nehme das Jägerschnitzel	kérek egy rántott szeletet	
mit Pommes und Salat	sültkrumplival és salátával	
Was kann ich Ihnen bringen?	Mit adhatok?	
Sonst noch etwas?	Más valamit?	
Kann ich Ihnen sonst noch etwas geben?	Még valamit adhatok?	

Sind die Tomaten frisch?	Friss a paradicsom?	
Danke, das ist alles.	Köszönöm, más nem lesz.	
Wir möchten gern bestellen.	Rendelni szeretnénk.	
Ich möchte nur einen Tee.	Csak egy teát kérek.	
Was ist das heutige Angebot?	Mi a napi ajánlat?	
Das ist alles.	Ez minden.	
Die Rechnung, bitte!	A számlát, legyen szíves!/ A számlát kérem szépen!	
Wir zahlen zusammen.	Egyben fizetünk.	

Wir zahlen getrennt.	Külön fizetünk.	
Was kann ich Ihnen zu trinken bringen?	Inni mit hozhatok?	
Bitte sehr!	Tessék parancsolni!	
Hätten Sie gerne eine Speisekarte?	Étlapot parancsolnak?	
Hat Ihnen das Abendessen ge-schmeckt?	Ízlett a vacsora?	
die Kellnerin	a pincérnő	
der Kellner	a pincér	
die Frauentoilette	a női WC	

Spielerisch Ungarisch lernen – ein Mitmachbuch
für Erwachsene und Anfänger

die Herrentoilette	a férfi WC	
der Fruchtsaft	a gyümölcslé	
die Kartoffel	a burgonya	
die Kartoffel	a krumpli	
der Knödel	a gombóc	
der Koch	a szakács	
die Küche	a konyha	
der Mais	a kukorica	

das Mittagessen	a ebéd	
Pfeffer	a bors	
Pilz	a gomba	
Pizzeria	a pizzéria	
Pommes frites	a hasábburgonya	
Pommes frites	a sült krumpli	
Quark	a túró	
Rechnung	a számla	

Spielerisch Ungarisch lernen – ein Mitmachbuch
für Erwachsene und Anfänger

Reis	a rizs	
Restaurant	a étterem	
Rettich	a retek	
Rind	a marha	
Sahne	a tejszín	
Salat	a saláta	
Salz	a só	
Sauerkirsche	a meggy	

Sauerrahm	a tejföl	
Schinken	a csonka	
Schnaps	a pálinka	
Schokolade	a csokoládé	
Sekt	a pezsgő	
Serviette	a szalvéta	
Speck	a szalonna	
Speisekarte	a étlap	

Speisekarte: Beilagen	a köretek	
Speisekarte: Fisch	a halak	
Speisekarte: Fleisch	a húsok	
Speisekarte: Nach-speisen	a desszertek	
Speisekarte: Nudeln	a tészták	
Speisekarte: Salate	a saláták	
Speisekarte: Suppen	a levesek	
Speisekarte: Vorspeisen	a előételek	

Spielerisch Ungarisch lernen – ein Mitmachbuch
für Erwachsene und Anfänger

Strudel	a rétes	
Stuhl	a szék	
Süßigkeiten	a édesség	
Tee	a tea	
Teller	a tányér	
Terrasse	a terasz	
Tisch	a asztal	
Tischdecke	a terítő	

Spielerisch Ungarisch lernen – ein Mitmachbuch
für Erwachsene und Anfänger

Toilette	a WC	
Tomate	a paradicsom	
Traube	a szőlő	
Trinkgeld	a borravaló	
Truthahn	a pulyka	
Wasser	a víz	
Wein	a bor	
Wurst	a kolbász	

Zitrone	a citrom	
Zucker	a cukor	

Adjektive-Restaurant

Deutsch	Ungarisch	
abgekühlt	kihűlt	
bitter	keserű	
blutig	véres	
durchgebraten	átsült	

eingefroren	fagyasztott	
fettig	zsíros	
frisch	friss	
gebraten	sült	
gefüllt	töltött	
gegrillt	grillezett	
gekocht	főtt	
gemischt	vegyes	

geräuchert	füstölt	
geschmort	párolt	
halb gebraten	félig sült	
hausgemacht	házias	
heiß	forró	
kalt	hideg	
knusprig	ropogós	
lauwarm	langyos	

Spielerisch Ungarisch lernen – ein Mitmachbuch
für Erwachsene und Anfänger

lecker	finom	
mit Fleisch	húsos	
mit Käse	sajtos	
mit saurer Sahne	tejfölös	
paniert	rántott	
pfeffrig	borsos	
reichlich	bőséges	
roh	nyers	

Spielerisch Ungarisch lernen – ein Mitmachbuch
für Erwachsene und Anfänger

salzig	sós	
sauer	savanyú	
scharf	csípős / erös	
süß	édes	
trocken	száraz	
ungarisch	magyaros	
ungesalzen	sótlan	
vegetarisch	vegetáriánus	

würzig	fűzeres	

TEST

Male mein Bild, vervollständige die Tabelle. Für Wörter, die du noch nicht weißt, benutze ein Wörterbuch

deutsch	ungarisch	Bild
Apfel	Alma	

	Kukorica	
	Tej	

	Vaj	
	Tea	
Kartoffel		
Eier		
Fisch		
	Cukorka	

Sonne		
	Hold	
Sterne		
Baum		
	Liba	
Mehl		

Schuhe		
Fahrrad		
	sajt	
Bier		
Weißwein und Rot- wein		
Sekt		

	Virag	
Hund		
Ball		
	Fodrász	
	Fogorvos	
	Fagylaltozó	

	Étterem	
Pilze		
	Zöldségleves	
	Alma fröccs	
	Kerékpár	
Eisenbahn		

Bahnhof		

Ein bisschen Grammatik
Die Vokalharmonie

Im Ungarischen unterscheidet man zwischen hellen und dunklen Vokalen (sog. Vokalharmonie). Diese Unterscheidung hat Auswirkungen darauf, was für ein Suffix man später an die Wörter hängt. Die ungarische Sprache zeichnet sich nämlich dadurch aus, dass man zumeist an das jeweilige Wort etwas anhängt, anstatt – wie z. B. im Deutschen oder Englischen – eigene Wörter bereit zu halten. Ebenfalls spielt es eine Rolle für die Konjugation der Verben.

Die Unterscheidung sieht wie folgt aus:

Helle Verben   í, i, ü, ű, e, é, ö, ő

Dunkle Verben a, á, o, ó, u, ú

Ganz einfach zu merken mit folgender Eselsbrücke: **autó**. a, o, und u sowie deren langen Varianten á, ó und ú sind also immer dunkel.
Beispiele

Dunkle Wörter
- **autó** = Auto

123

- **három** = drei
- **utca** = Straße (eine kleinere zumindest)

Helle Wörter
- **étterem** = Restaurant
- **örül** = sich freuen

Gemischte Wörter

Es gibt natürlich auch gemischte Wörter (z. B. **virág** = Blume). Diese werden in der Regel wie dunkle Wörter behandelt.

Die Mehrzahl

Wird meist mit einem „k" am Ende gebildet. Steht am Ende ein Konsonat, wird ein Bindevokal für die bessere Aussprache eingesetzt. Je nach Wort sind das dann „a", „e" oder „o". im ungarischen nennt man das Vokalharmonie. Wie klingt das Wort?

Hier tiefvokalisch, Bildung mit „a":

Der Mann   az úr   Die Männer   az úrak

Sind die Wörter mehrsilbig, und tiefvokalisch, nimmt man meist das „o" als Bindevokal.

Endet das Wort auf den Vokal „a" oder „e" wird gedehnt

A narancs   a narancsok
Az Almá   az Almákat

Substantive mit vokalischem Auslaut (a, e, i, o, u) – Ohne Bindevokal
Endet das Substantiv mit einem Vokal, so benötigen wir **kein Bindevokal**. Wie beim Akkusativ ist es aber so, dass -a/-e die lange Variante (-á/-é) bekommen, während -i/-u gleich bleiben:

Spielerisch Ungarisch lernen – ein Mitmachbuch
für Erwachsene und Anfänger

-a/-e

tea (= *Tee*)	teák
alma (= *Apfel*)	almák
kecske (= Ziege)	kecskék

-i/-u

bicikli (= *Fahrrad*)	biciklik
apu (= *Vater*)	apuk
anyu (= *Mutter*)	anyuk

Bereits gedehnte Vokale **bleiben gedehnt**: also

Gedehnte Auslautvokale

kávé (= *Kaffee*)	kávék
autó (= *Auto*)	autók

Konsonantischer Auslaut – Mit Bindevokal
Endet das Substantiv mit einem konsonantischen Auslaut (also alles, was nicht -a/-e/-i/-o/-u ist), so wird nicht unterschieden wie beim Akkusativ. Es ist also einfacher, denn wir benutzen **immer ein Bindevokal**, also -ek, -ok, -ak oder -ök. Wie auch beim Akkusativ gilt:

Vokalharmonie Suffix

dunkel	**-ok/-ak**
hell	**-ek/-ök**

Wann man jeweils welche Endung verwendet, läuft grundsätzlich ähnlich wie beim Akkusativ:
Dunkel
Zunächst einige Beispiele:

-ok

nap (= *Tag*)	napok

-ok

ország (= *Land*) ország**ok**

    -ak

láb (= *Fuß*)   láb**ak**

Meistens verwendet man **-ok** und **-ak** hingegen in den Fällen, die Besonderheiten aufweisen (z. B. wenn es zu Vokalverkürzungen oder zu einem Vokalausfall kommt, oder auch bei den v-Wörtern (z. B. *ló* > *lovak*); Hierzu vgl. das Kapitel zu den Wortstämmen).

Außerdem wird **-ak** auch bei einigen einsilbigen Wörtern verwendet wie bei dem obigen Beispiel *láb*. Üblicherweise wird die Plural-Beugung ebenso wie die Akkusativ-Beugung in den Wörterbüchern angezeigt.

Hell

Bei den hellen Wörtern ist es einfacher, denn hier verwendet man immer -**ek** außer bei den Wörtern, die in der letzten Silbe ö, ő, ü bzw. ű) haben.

        -ek

kép (= *Bild*)   kép**ek**

szendvics (= *Sandwich*)   szendvics**ek**

        -ök

tök (= *Kürbis*)   tök**ök**

Vergleich zum Akkusativ

Dass wir, wie gesagt, beim Akkusativ gelegentlich keinen Bindevokal verwenden, sieht man an den folgenden Beispielen:

	Akkusativ	Plural
reggel (= *Morgen*)	reggel**t**	reggel**ek**
tanár (= *Lehrer*)	tanár**t**	tanár**ok**
bor (= *Wein*)	bor**t**	bor**ok**